mini版 英語を話す力が一気に身につく!!
瞬間英作文ドリル

森沢洋介

はじめに

まずはぜひ
こちらを
読んでください。

英語の習得、特に英会話の力をつけたいと望み、
学習もしている人たちが見逃しがちなのが、

簡単な文をスピーディーに作る能力を養成することです。

いわば**瞬間英作文回路**というものです。

すらすらと英語を操るには、瞬間英作文回路を作り、
その上で、語い力を高め、実際の会話の場数を踏む必要があります。
しかし、瞬間的に簡単な英文を組み立てることもできないまま、
単語やイディオムを覚えたり、

週1〜2回程度英会話学校に通っても、会話力は向上しません。

フルマラソンを走ったり、ダンスを踊るためには、
まずは立ち上がって歩けなければなりません。
簡単な文をばね仕掛けのように瞬間的に作り出せる瞬間英作文回路は、
これと同じ英会話力の初めの一歩です。

かくいう私自身も、長らくこのことに気付かず、英字新聞や
ペーパーバックなどが自由に読め、リスニングもかなりできたにもかかわらず、
会話となると中学レベルの英文を操ることさえままならないという、
非常にアンバランスな状態に苦しみました。
しかし、20代半ばに瞬間英作文トレーニングに取り組むことで、

半年ほどで英語を話す能力が一変しました。

一定の基礎力を持つ人が、英語圏で生活すると会話力がついていくのは、
生活の中で必然的に、簡単な英文を沢山作るからです。
同じことを、日本を一歩も出ずに起こすことは可能です。
意識的なトレーニングとして、

簡単な英文を大量に作ればよいのです。

本書は、この瞬間英作文トレーニングのドリル・テキストです。

瞬間英作文はスピードと量が命ですので、

本書の問題数は500を超えます。
しかし、憶することはありません。 瞬間英作文は辛い暗記作業ではありませんし、
どの文も中学レベルの簡単なものです。やり始めてみれば、

ゲームか脳トレ のように感じられるのではないでしょうか。

やり通せば、英文を作り出すことが
とても楽になっているでしょう。

その時、あなたは英語を自由に話すというゴールへの最初の、
そして大きな一歩を踏み出しているのです。

瞬間英作文回路が
英会話への第一歩

英語を話すためには、3つの要素が必要です。

❶ 基本文型を使いこなし、瞬間的に英文を組み立てられる能力

　　=瞬間英作文回路

❷ 使いこなせる語句（アクティブ・ボキャブラリー）

❸ 実践を通じて得られる慣れ

この中でも❶の英文を瞬間に作れる力は、英語を話すための大前提、踏み外すわけにはいかない第一歩です。どんなに単語やイディオムなどを覚えても、それらをはめこむ文が立ち上がらなければ宝の持ち腐れです。また、習うより慣れろだと、英会話学校に入学したり、ネイティブスピーカーから個人レッスンを受けたりしても、決まり文句の挨拶などを交わした後は、急に話が続かなくなってしまいます。

逆に、簡単な英文を瞬間的に作れるようになると、覚えた語句を有効利用できるようになるし、新たな語句も非常に習得しやすくなります。

その上で英会話のレッスンなど実践の機会を持つと英会話能力が順調に向上していきます。

しかし、実際にはどういうわけかこの一番基本的なステップを飛ばした学習をしている人が非常に多いのです。

瞬間英作文回路を培うためのトレーニングは極めて単純で、すでに知っている文型と語句で無数に英文を作っていけば良いだけです。

しかし、一見地味なこのトレーニングは、単語集・会話表現集、リスニング用テキストなどと比べ、テキスト類が非常に少なかったことが、一般に認知されてこなかった原因の一つでしょう。

スピードと量が鍵

本書は、英会話力を養うために必須の、この瞬間英作文回路を徹底してトレーニングするテキストです。

本書で扱う英作文は中学レベルで、使用される語句も文型練習に集中できるようにごく簡単なものに絞っています。

例）
① この猫はあの猫と同じくらいかわいい。
② あなたは今までにこの本を読んだことがありますか?
③ あそこに立っている女性は彼の奥さんです。

ある程度英語を学習した人なら、ちょっと時間をかければ、あるいは紙に書きつければ、問題なく解答できるでしょう。

しかし、本書のトレーニングのキーワードは**スピードと量**です。
これらの日本文に反応し、ばね仕掛けのように
ポンと英語が飛び出すようになるまで練習します。
問題の数も全部で500を超えます。
これを数回繰り返すサイクル回しを行いますので、
自分の口から膨大な数の英文を発することになります。
反面、受験時代にやったように、
やたらと難解な文をゴリゴリ暗記する方法ではないので、

**苦痛を覚えることはなく、英作文の疾走の中で、
ある種の爽快感さえ感じるでしょう。**

そして、今までこれに類することを経験してこなかった方は、

**本書をやり通すことで、
英文を組み立てることがぐっと容易になっている
ことを実感していただけるでしょう。**

●本書を使ったトレーニングの手順

❶ まず、日本文を読み理解して、即座に口頭で英文に変えます。
　　決して長く考えず、英文が組み立てられなくても10秒前後で切り上げてください。

❷ 答えの英文を見て理解・納得します。

❸ 英文を見ながら、普通の発話のスピードで数回繰り返し、口に落ち着けます。
　　この際、英文が単なる音にならないように、意味を込めるように心がけてください。

❹ 今度はテキストから目をあげて数回英文を繰り返します。
　　この時も❸と同じくスピーディーに、意味を込めて英文を口にして下さい。
　　この時英文を意識して暗記しようとしないでください。簡単な英文を
　　理解しながら口ずさみ、文型のメカニズムを感じるようにすることが重要です。

瞬間英作文トレーニングでは、❸❹のステップが最も重要で、ここで瞬間英作文回路が
養成されていきます。学科としての英語の学習では、頭で理解できれば良しとして、
❶❷のステップでおしまいなってしまっていることが多いものです。声に出さず、
書くだけということも多いでしょう。これでは、瞬間英作文回路は全く出来上がりませんので、
❸❹のステップを確実に踏んでください。

❶〜❹のステップで1項終えたら、ページをめくり同じ手順でトレーニングを行い、
パートの終わりまで来たら、また最初に戻り同じ手順で全項目を繰り返します。
これをサイクル回しと言います。サイクル回しをしていくにつれ、どんどん英作文のスピードが
上がり、最終的には、どの文も即座に口を衝いて出てくるようになります。
そうしたら、そのパートを終え、次のパートに進み、同じ手順でトレーニングを行い、全3パー
トを完成します。最後に仕上げとして、パートに区切らず本全体のサイクル回しを行います。

* 比較的力のある人は、パートに区切らず、初めから本全体のサイクル回しを行っても結構です。
　力がある人が短い区間でサイクル回しを行うと、すぐに英文を記憶してしまい、
　文型を操作する感覚が得難くなることがあるからです。

●本書の構成

本書は3パートに分かれています。

Part1 では、
中1～中2前半レベルの文型を扱います。
be動詞の文から始まり、一般動詞、両動詞の練習、疑問詞というように、
雪玉が転がって大きくなっていくように、1項ごとに新しい要素が加わっていきます。
8～10では7までに出てきたすべての要素を使った英作文を練習します。

Part2 では、
中2中盤～中3の文型を扱い、
文型ごとの練習を行います。
中学レベルとはいえ、なかなか骨のある文型が登場してきますので、
しっかりと練習して、マスターして下さい。

Part3 では、
Part2までに扱った文型が、
ランダムに出てきます。
ここで、使うべき文型をさっと引き出すアクセス能力を養います。

＊ 本書は文法学習書ではなく、既に知っている文型を使いこなす力を養成するトレーニングブックです。
　従って、細かな文法的な説明はありません。

では、トレーニングをはじめましょう

CONTENTS

Part1　中1から中2前半レベルの文型を扱います。

1　ターゲット：現在形のbe動詞の文の練習です。 ………… 12

2　ターゲット：現在形の一般動詞の文の練習です。 ………… 16

3　ターゲット：be動詞と一般動詞の文を練習します。
　　　　　　　動詞の混同に注意してください。 ………… 20

4　ターゲット：さまざまな疑問詞を使った疑問文の練習です。 ………… 24

5　ターゲット：過去形、will、進行形と時制の幅を広げて練習します。 ………… 28

6　ターゲット：動詞にニュアンスを加える様々な助動詞、
　　　　　　　および助動詞的な語句を練習します。 ………… 32

7　ターゲット：命令文、Let's ～、感嘆文を練習します。 ………… 36

8　ターゲット：1～7までに少しずつ増やしてきた文型・文法の要素すべてを、
　　　　　　　ランダムに用いてトレーニングします。 ………… 40

9　ターゲット：1～7までに少しずつ増やしてきた文型・文法の要素すべてを、
　　　　　　　ランダムに用いてトレーニングします。 ………… 44

10　ターゲット：1～7までに少しずつ増やしてきた文型・文法の要素すべてを、
　　　　　　　ランダムに用いてトレーニングします。 ………… 48

Part2　中2中盤～中3の文型を扱います。

1　現在完了 ………… 52

2　一般動詞のSVC ………… 56

3　不定詞 ………… 60

4　動名詞 ………… 64

5　比較 ………… 68

6	that節	72
7	受け身	76
8	SVOC	80
9	従属節	84
10	SVO + to不定詞	88
11	分詞	92
12	間接疑問文	96
13	疑問詞 + to不定詞	100
14	関係詞	104
15	原形不定詞	108

Part3　Part2までに扱った文型が、ランダムに出てきます。

1	ランダム	112
2	ランダム	116
3	ランダム	120
4	ランダム	124
5	ランダム	128
6	ランダム	132
7	ランダム	136
8	ランダム	140
9	ランダム	144
10	ランダム	148

Part1

ターゲット

1 現在形のbe動詞の文の練習です。

① 彼は親切です。

② 彼女は背が高いですか？
　 はい、高いです。

③ トムは内気ではありません。

④ エレンは高校生ですか？
　 いえ、違います。

⑤ ロバートは弁護士です。

⑥ あの少年は彼の弟です。

⑦ あの少女たちはあなたの生徒ですか？
　 はい、そうです。

語句　③内気な shy　⑤弁護士 lawyer

1. He is kind.

2. Is she tall?
   Yes, she is.

3. Tom isn't shy.

4. Is Ellen a high school student?
   No, she isn't.

5. Robert is a lawyer.

6. That boy is his brother.

7. Are those girls your students?
   Yes, they are.

 check スピードと量がこのトレーニングの鍵です。何度も繰り返してみましょう。

⑧ これは私の車です。

⑨ あの自転車は彼女のです

⑩ この犬はとても人懐っこいです。

⑪ あの男の人は私たちの先生ではありません。

⑫ 僕は東京出身です。

⑬ 彼女はオーストラリア出身なのですか？
いいえ、違います。

⑭ 私の息子は自分の部屋にいます。

⑮ 彼の家は駅から遠いです。

語句 ⑩人懐っこい friendly　⑬オーストラリア Australia

⑧ This is my car.

⑨ That bicycle is hers.

⑩ This dog is very friendly.

⑪ That man isn't our teacher.

⑫ I'm from Tokyo.

⑬ Is she from Australia?
No, she isn't.

⑭ My son is in his room.

⑮ His house is a long way from the station.

 check スピードと量がこのトレーニングの鍵です。何度も繰り返してみましょう。

1 2 3 4 5 6 7 8 9 10 11 12 13 14 15

現在形の一般動詞の文の練習です。

① 私は毎日英語を勉強します。

② あなたはよく彼女に会うのですか?
はい、そうです。

③ 彼女は彼らがあまり好きではありません。

④ エミリーは彼をよく知っていますか?
いいえ、知りません。

⑤ 僕の姉は毎日ピアノを弾きます。

⑥ あの少年たちは毎日この公園でサッカーをするのですか? はい、そうです。

⑦ ボブは手にボールを持っています。

① I study English every day.

② Do you often see her?
Yes, I do.

③ She doesn't like them very much.

④ Does Emily know him well?
No, she doesn't.

⑤ My sister plays the piano every day.

⑥ Do those boys play soccer in this park every day? Yes, they do.

⑦ Bob has a ball in his hand.

check スピードと量がこのトレーニングの鍵です。何度も繰り返してみましょう。

⑧ 僕の弟は理科があまり好きではありません。

⑨ 彼女のお兄さんは、月に10冊を超える本を読みます。

⑩ 僕のいとこは日本語と英語と中国語を話します。

⑪ ナンシーは自宅で子供たちに英語を教えています。

⑫ あなたの息子さんはニューヨークにお住まいなのですか？　はい、そうです。

⑬ 父は車で仕事に行きます。

⑭ あの学生たちは法律を勉強しているのですか？いいえ、違います。

⑮ この動物は肉しか食べません。

語句 ⑧理科 science　⑨〜を超える more than 〜　⑩いとこ cousin
日本語 Japanese　中国語 Chinese　⑪自宅で at one's house　⑭法律 law

(8) My brother doesn't like science very much.

(9) Her brother reads more than ten books a month.

(10) My cousin speaks Japanese, English and Chinese.

(11) Nancy teaches English to children at her house.

(12) Does your son live in New York?
Yes, he does.

(13) My father goes to work by car.

(14) Do those students study law?
No, they don't.

(15) This animal eats only meat.

 check スピードと量がこのトレーニングの鍵です。何度も繰り返してみましょう。

Part1 3 ターゲット be動詞と一般動詞の文を練習します。動詞

① 彼女の息子さんはこの大学の学生です。

② 彼女はアメリカ人ですか？
いいえ、違います。

③ 彼女はフランス語を話しますか？
はい、話します。

④ 私は今、全然お金を持っていません。

⑤ メアリーは自分の子供たちのために
よくケーキを作ります。

⑥ あなたのお父さんはこの会社の社長なのですか？
はい、そうです。

⑦ 彼女のご主人はこの会社で働いているのですか？
いいえ、違います。

語句 ③フランス語 French ⑥社長 president

の混同に注意してください。

1. Her son is a student at this college.

2. Is she American?
   No, she isn't.

3. Does she speak French?
   Yes, she does.

4. I don't have any money now.

5. Mary often makes cakes for her children.

6. Is your father the president of this company? Yes, he is.

7. Does her husband work for this company? No, he doesn't.

check スピードと量がこのトレーニングの鍵です。何度も繰り返してみましょう。

⑧ 彼女の眼は青いです。

⑨ 私は彼を全然知りません。

⑩ このレストランでは、本当においしいコーヒーを出します。

⑪ 彼はめったにここに来ません。

⑫ 彼女はお年寄りにとても親切です。

⑬ あの先生は生徒たちに厳しいですか？
はい、そうです。

⑭ 毎日、あなたは新聞を読みますか？
はい、読みます。

⑮ 彼女はボーイフレンドに毎日電話します。

[語句] ⑨全然 at all ⑩（飲食物を）出す serve ⑪めったに〜ない seldom
⑫お年寄り the elderly ⑬厳しい strict ⑮ボーイフレンド boyfriend

⑧ Her eyes are blue.

⑨ I don't know him at all.

⑩ They serve really good coffee at this restaurant.

⑪ He seldom comes here.

⑫ She is very kind to the elderly.

⑬ Is that teacher strict with his (her) students? Yes, he (she) is.

⑭ Do you read the newspaper every day? Yes, I do.

⑮ She calls her boyfriend every day.

 check スピードと量がこのトレーニングの鍵です。何度も繰り返してみましょう。

Part1 4 ターゲット さまざまな疑問詞を使った疑問文の練習です。

① これは何ですか？
お守りです。

② あなたは朝食に何を食べますか？
トーストを食べます。

③ 彼らはどこにいるのですか？
あの部屋にいます。

④ 彼女はどこで勉強しますか？
図書館で勉強します。

⑤ なぜあの少女は毎日ここに来るのですか？

⑥ あなたの息子さんはいつ宿題をしますか？
夕食前にします。

⑦ どちらがあなたの車ですか？
赤いのが私のです。

語句 ①お守り charm ⑥宿題をする do one's homework

① What is this?
It's a charm.

② What do you eat for breakfast?
I eat toast.

③ Where are they?
They are in that room.

④ Where does she study?
She studies in the library.

⑤ Why does that girl come here every day?

⑥ When does your son do his homework?
He does it before dinner.

⑦ Which is your car?
The red one is mine.

check スピードと量がこのトレーニングの鍵です。何度も繰り返してみましょう。

⑧ どちらの部屋をエミリーは使いますか？
この部屋を使います。

⑨ あなたのご主人はどうやって仕事に行きますか？

⑩ あの男の人は誰ですか？
ジェーンのお父さんです。

⑪ 誰がこの車を運転しますか？
私の父です。

⑫ あなたの背はどれくらいですか？
6フィートです。

⑬ あなたのおばあさんはおいくつですか？
80歳です。

⑭ 毎日何時にあなたは起きますか？
7時に起きます。

⑮ あなたは一年に何冊の本を読みますか？
100冊位読みます。

語句 ⑫フィート feet

(8) Which room does Emily use?
She uses this room.

(9) How does your husband get to work?

(10) Who is that man?
He is Jane's father.

(11) Who drives this car?
My father does.

(12) How tall are you?
I'm six feet tall.

(13) How old is your grandmother?
She is eighty years old.

(14) What time do you get up every day?
I get up at seven.

(15) How many books do you read a year?
I read about a hundred books.

check スピードと量がこのトレーニングの鍵です。何度も繰り返してみましょう。

Part1
5 ターゲット
過去形、will、進行形と時制の幅を広げて練

---

① 去年私はアメリカにいました。

② 彼はいつか真実を知るでしょう。

③ トムは公園でジョギングをしています。

④ その時あなたはどこにいましたか？
自分の部屋にいました。

⑤ 彼は私に本当に親切でした。

⑥ あなたのお父さんはあなたに厳しかったですか？
はい、厳しかったです。

⑦ あなたの叔父さんはその車を買ったのですか？
いいえ、買いませんでした。

語句 ②いつか some day　真実 truth　③ジョギングをする jog

① I was in America last year.

② He will know the truth some day.

③ Tom is jogging in the park.

④ Where were you then?
I was in my room.

⑤ He was really kind to me.

⑥ Was your father strict with you?
Yes, he was.

⑦ Did your uncle buy the car?
No, he didn't.

 check スピードと量がこのトレーニングの鍵です。何度も繰り返してみましょう。

⑧ 明日の天気はどうでしょうか？
晴れるでしょう。

⑨ いつエドとローズは結婚したのですか？
3年前結婚しました。

⑩ 彼女は午前中手紙を書きました。

⑪ 明日のこの時間僕は宿題をしているでしょう。

⑫ あなた方は明日どこにいますか？
ここにいますよ。

⑬ 外で誰かが叫んでいる。

⑭ 誰がこの部屋を掃除したのですか？
僕と僕の弟です。

⑮ 私たちの子供たちは大人になったら
何になるのでしょうか？

語句 ⑨結婚する get married ⑬叫ぶ scream

(8) What will the weather be like tomorrow?
It will be sunny.

(9) When did Ed and Rose get married?
They got married three years ago.

(10) She wrote a letter in the morning.

(11) I will be doing my homework this time tomorrow.

(12) Where will you be tomorrow?
We will be here.

(13) Someone is screaming outside.

(14) Who cleaned this room?
My brother and I did.

(15) I wonder what our children will become when they grow up.

check スピードと量がこのトレーニングの鍵です。何度も繰り返してみましょう。

Part1 6 ターゲット 動詞にニュアンスを加える様々な助動詞、

① 彼は三カ国語を話すことができます。

② あなたはこの石を動かすことができますか？
いいえ、できません。

③ 病気のその少女はベッドに
寝ていなければなりませんでした。

④ あなた方はここでは
静かにしていなければなりません。

⑤ 僕はもっと速く泳げるようになりますか？

⑥ 入ってもよろしいですか？

⑦ 彼の話は本当かもしれない。

語句 ②動かす move ③ベッドで寝ている stay in bed

および助動詞的な語句を練習します。

① He can speak three languages.

② Can you move this stone?
No, I can't.

③ The sick girl had to stay in bed.

④ You need (have) to be quiet here.

⑤ Will I be able to swim faster?

⑥ May I come in?

⑦ His story may (might) be true.

check スピードと量がこのトレーニングの鍵です。何度も繰り返してみましょう。

1 2 3 4 5 6 7 8 9 10 11 12 13 14 15

⑧ 彼はそこにいるに違いない。

⑨ 彼らは 10 月に結婚する予定なのですか？
はい、そうです。

⑩ 彼らは問題をすべて解くことができました。

⑪ 彼はいつ日本に到着する予定ですか？

⑫ 明日は雨が降るかもしれない。

⑬ あなたは一晩中働かなくてはならなかったのですか？
はい、そうです。

⑭ あの男が金持ちのはずがない。

⑮ 彼らは彼女に謝らなければならないでしょう。

語句 ⑩問題 problem 解く solve ⑪到着する arrive ⑬一晩中 all night
⑮謝る apologize

⑧ He must be there.

⑨ Are they going to get married in October?
Yes, they are.

⑩ They were able to solve all the problems.

⑪ When is he going to arrive in Japan?

⑫ It may (might) rain tomorrow.

⑬ Did you have to work all night?
Yes, I did.

⑭ That man can't be rich.

⑮ They will have to apologize to her.

check スピードと量がこのトレーニングの鍵です。何度も繰り返してみましょう。

命令文、Let's〜、感嘆文を練習します。

① すぐに出発しなさい。

② 僕の車に触るな。

③ どうぞ窓を開けてください。

④ どうかこの写真を見ないでください。

⑤ 静かにしなさい。

⑥ 今夜映画に行こう。

⑦ ここにとどまろう。

語句 ⑥映画に行く go to the movies　⑦とどまる stay

① Leave right now!

② Don't touch my car.

③ Please open the window.

④ Don't look at this picture, please.

⑤ Be quiet.

⑥ Let's go to the movies tonight.

⑦ Let's stay here.

check スピードと量がこのトレーニングの鍵です。何度も繰り返してみましょう。

⑧ あの犬にこのパンをあげようよ。

⑨ 彼らに親切にしよう。

⑩ あのレストランで昼食を食べよう。

⑪ 彼女はなんて美しいのでしょう！

⑫ 彼はなんて偉大な作家なのでしょう！

⑬ 彼らはなんと速く走るのでしょう！

⑭ 星がなんと美しかったことか！

⑮ 彼はなんと一生懸命勉強したのでしょう！

語句 ⑫作家 writer

⑧ Let's give that dog this bread. /
Let's give this bread to that dog.

⑨ Let's be kind to them.

⑩ Let's have lunch at that restaurant.

⑪ How beautiful she is!

⑫ What a great writer he is!

⑬ How fast they run!

⑭ How beautiful the stars were!

⑮ How hard he studied!

check スピードと量がこのトレーニングの鍵です。何度も繰り返してみましょう。

Part1 8

ターゲット
8～10では、1～7までに少しずつ増やしてきた文型・文

① あなたは彼らに何をあげたのですか？

② トムとロバートは今、図書館で勉強しています。

③ あの少年は彼女のいとこなのですか？
はい、そうです。

④ あの少女はエドが好きなのですか？
はい、そうです。

⑤ 彼らはそのプロジェクトに
どれだけお金を使うつもりですか？

⑥ あなたの奥さんの誕生日はいつですか？
11月21日です。

⑦ いい子にしていてね、トム。

語句 ⑤プロジェクト project

法の要素すべてを、ランダムに用いてトレーニングします。

(1) What did you give them?

(2) Tom and Robert are studying in the library now.

(3) Is that boy her cousin?
Yes, he is.

(4) Does that girl like Ed?
Yes, she does.

(5) How much money are they going to spend on the project?

(6) When is your wife's birthday?
It is November 21.

(7) Be a good boy, Tom.

check スピードと量がこのトレーニングの鍵です。何度も繰り返してみましょう。

⑧ あの億万長者は、家を何軒持っているのですか？

⑨ すべての生徒が、そのテストを受けなければなりません。

⑩ 彼女はメアリーの家にいるのかもしれない。

⑪ 彼女は休暇でフランスに行く予定なのですか？
はい、そうです。

⑫ この本はなんて役に立つのでしょう！

⑬ 彼女は招待客たちのためにピアノを弾きました。

⑭ 子供たちは星を見ていました。

⑮ この町には病院が3つあります。

語句 ⑧億万長者 billionaire ⑨テスト exam ⑪休暇 vacation ⑬招待客 guest

(8) How many houses does that billionaire have?

(9) All the students have to take the exam.

(10) She may (might) be at Mary's house.

(11) Is she going to go to France on her vacation? Yes, she is.

(12) How useful this book is!

(13) She played the piano for the guests.

(14) The children were looking at the stars.

(15) There are three hospitals in this town.

check スピードと量がこのトレーニングの鍵です。何度も繰り返してみましょう。

Part1 9 ターゲット

8〜10では、1〜7までに少しずつ増やしてきた文型・文

① この国では6月に雨がたくさん降ります。

② 彼女は毎朝5時に起きるのですか？
はい、そうです。

③ 彼は自分の名前を鉛筆で書きました。

④ あなたのお祖父さんはいつ亡くなったのですか？

⑤ あの角を右に曲がりなさい。

⑥ ちょっと前、彼は居間でテレビを見ていました。

⑦ この川には魚がたくさんいました。

語句 ④亡くなる pass away ⑤曲がる turn
⑥ちょっと前 a while ago 居間 living room

法の要素すべてを、ランダムに用いてトレーニングします。

1. It rains a lot in June in this country.

2. Does she get up at five every morning? Yes, she does.

3. He wrote his name with a pencil.

4. When did your grandfather pass away?

5. Turn right at that corner.

6. He was watching TV in the living room a while ago.

7. There were many fish in this river.

check スピードと量がこのトレーニングの鍵です。何度も繰り返してみましょう。

(8) あなたはどこで柔道の練習をするのですか？

(9) 彼らはもうすぐ英語を話せるようになるでしょう。

(10) 彼女のお嬢さんは8月に17歳になります。

(11) エミリーはりんごをいくつ買いましたか？
3つです。

(12) あなたは今夜おうちにいますか？　はい、います。

(13) なぜ彼は日本を去ったのですか？

(14) あなたはお母さんの誕生日に
何をあげるつもりですか？

(15) 先週の日曜、トムはお父さんと机を作りました。

⑧ Where do you practice judo?

⑨ They will be able to speak English soon.

⑩ Her daughter will be seventeen in August.

⑪ How many apples did Emily buy?
She bought three.

⑫ Will you be at home tonight?　Yes, I will.

⑬ Why did he leave Japan?

⑭ What are you going to give your mother for her birthday?

⑮ Tom made a desk with his father last Sunday.

check スピードと量がこのトレーニングの鍵です。何度も繰り返してみましょう。

Part1 10 ターゲット
8～10では、1～7までに少しずつ増やしてきた文型・文

1. 明後日は晴れでしょう。

2. 僕はもう一度作文を書かなければならなかった。

3. 彼女は彼の電話番号を知っているに違いない。

4. 君はこのフェンスを跳び越えられるかい？
   うん、跳び越えられるよ。

5. ローズは痩せています。

6. 君は彼女と一緒にいたのかい？
   うん、そうだよ。

7. 彼女は彼と博物館に行ったのですか？
   いいえ、行きませんでした。

語句 ②作文 essay ④～を跳び越える jump over ～ ⑤痩せている thin
⑦博物館 museum

法の要素すべてを、ランダムに用いてトレーニングします。

① It will be sunny the day after tomorrow.

② I had to write the essay over.

③ She must know his phone number.

④ Can you jump over this fence?
Yes, I can.

⑤ Rose is thin.

⑥ Were you with her?
Yes, I was.

⑦ Did she go to the museum with him?
No, she didn't.

check スピードと量がこのトレーニングの鍵です。何度も繰り返してみましょう。

(8) なぜ彼女はまだ彼らを待っているのですか？

(9) あの歌手は若者たちの間でとても人気があります。

(10) あなたはどこでこの指輪を見つけたのですか？

(11) 会議に遅れるなよ、ボブ。

(12) 彼はこの絵を何で描いたのですか？

(13) この町にはホテルがありますか？
はい、２つありますよ。

(14) あの黒いかばんの中には何が入っていますか？

(15) その手品師は３つのコインをテーブルの上に置きました。

語句 ⑨人気がある popular
⑩指輪 ring ⑪会議 meeting ⑮手品師 magician

(8) Why is she still waiting for them?

(9) That singer is really popular among young people.

(10) Where did you find this ring?

(11) Don't be late for the meeting, Bob.

(12) What did he paint this picture with?

(13) Are there any hotels in this town?
Yes, there are two.

(14) What is in that black bag?

(15) The magician put three coins on the table.

check スピードと量がこのトレーニングの鍵です。何度も繰り返してみましょう。

1 2 3 4 5 6 7 8 9 10 11 12 13 14 15

Part2 1 現在完了

(1) 彼女はもう帰宅しましたか？
はい、しました。

(2) 僕はもうすべての本を読んでしまった。

(3) トムはまだ朝食を食べていません。

(4) 君は彼女にもう電話したの？
いや、まだしてない。

(5) その飛行機はちょうど離陸したところです。

(6) 私たちは20年以上この町に住んでいます。

(7) あなたは彼女をどのくらい(の期間)知っているの？

語句 ⑤離陸する take off

1. Has she come home yet?
   Yes, she has.

2. I have already read all the books.

3. Tom hasn't had breakfast yet.

4. Have you called her yet?
   No, I haven't.

5. The plane has just taken off.

6. We have lived in this town for more than twenty years.

7. How long have you known her?

check スピードと量がこのトレーニングの鍵です。何度も繰り返してみましょう。

⑧ 姉は２時間以上ピアノを弾いている。

⑨ 昨日からずっと雨です。

⑩ 彼らは結婚してどれくらいですか？

⑪ あなたは彼女に会ったことがありますか？
はい、あります。

⑫ 僕はこんなに面白い本を一度も読んだことがない。

⑬ 彼は今までにヨーロッパに行ったことがありますか？
いいえ、ありません。

⑭ あなたは今まで象に触ったことがありますか？
いいえ、ありません。

⑮ 君はどこに行ってたの？
コンビニに行ってたんだよ。

語句 ⑩結婚している married ⑭象 elephant ⑮コンビニ convenience store

(8) My sister has been playing the piano for more than two hours.

(9) It has been raining since yesterday.

(10) How long have they been married?

(11) Have you ever met her?　Yes, I have.

(12) I have never read such an interesting book.

(13) Has he ever been to Europe?
No, he hasn't.

(14) Have you ever touched an elephant?
No, I haven't.

(15) Where have you been?
I have been to the convenience store.

check スピードと量がこのトレーニングの鍵です。何度も繰り返してみましょう。

Part2 ② 一般動詞のSVC

① 花嫁はとても幸せそうだ。

② なぜあの男の人は怒ったのですか？

③ もうすぐ木の葉は黄色くなるでしょう。

④ 私の息子は弁護士になりました。

⑤ 彼は忙しそうに見えない。

⑥ このコーヒーは香りが良い。

⑦ あのステーキはおいしかったですか？

語句 ①花嫁 bride ③木の葉 leaf – leaves

① The bride looks very happy.

② Why did that man get angry?

③ The leaves will turn yellow soon.

④ My son became a lawyer.

⑤ He doesn't look busy.

⑥ This coffee smells good.

⑦ Did that steak taste good?

check スピードと量がこのトレーニングの鍵です。何度も繰り返してみましょう。

⑧ 寒くなってきている。

⑨ あなたはいつ教師になったのですか？

⑩ 牛乳が酸っぱくなってしまった。

⑪ 彼女の髪は長くなった。

⑫ 気分はどうですか？
　気分はいいよ。

⑬ 彼らはお腹が空きました。

⑭ あの女性は病気のようです。

⑮ そのボクサーは実に強そうに見えた。

語句　⑩酸っぱい sour　⑮ボクサー boxer

(8) It is getting cold.

(9) When did you become a teacher?

(10) The milk has turned sour.

(11) Her hair grew long.

(12) How do you feel?
I feel good.

(13) They got hungry.

(14) That woman looks sick.

(15) The boxer looked really strong.

check スピードと量がこのトレーニングの鍵です。何度も繰り返してみましょう。

Part2 3 不定詞

① 私は彼と話がしたい。

② 私の娘は歌手になりたがっている。

③ 彼はその箱を開けようとした。

④ 何時に雨が降り始めたのですか？

⑤ 彼はもうその車を買うことを決めましたか？
はい、決めました。

⑥ 彼らにはするべき仕事があります。

⑦ 昨日、私は妻と話をする時間がなかった。

語句 ②歌手 singer

(1) I want to talk to him.

(2) My daughter wants to be a singer.

(3) He tried to open the box.

(4) What time did it start to rain?

(5) Has he decided to buy the car yet?
Yes, he has.

(6) They have some work to do.

(7) I didn't have time to talk to my wife yesterday.

check スピードと量がこのトレーニングの鍵です。何度も繰り返してみましょう。

(8) トムはなにか食べるものを欲しがっている。

(9) さよならを言う時です。

(10) 僕には君に言うことがある。

(11) 僕はいつかその絵を見るためにフランスに行くんだ。

(12) 多くの人が医学を学ぶためにドイツに行きました。

(13) その番組を見るために彼女は早めに帰宅したのですか？
はい、そうです。

(14) ナンシーはその知らせを聞いて驚いた。

(15) 喜んであなたのお手伝いをしますよ。

語句 ⑫医学 medicine ⑬番組 program

(8) Tom wants something to eat.

(9) It's time to say good-bye.

(10) I have something to tell you.

(11) Someday I will go to France to look at the painting.

(12) A lot of people went to Germany to study medicine.

(13) Did she go home early to watch the program?　Yes, she did.

(14) Nancy was surprised to hear the news.

(15) I will be happy to help you.

check　スピードと量がこのトレーニングの鍵です。何度も繰り返してみましょう。

Part2 4 動名詞

① エミリーは料理をするのが好きです。

② 父は毎週日曜に釣りを楽しみます。

③ あなたはいつ禁煙したのですか？

④ あなたは仕事の後、同僚と飲みに行くのが好きですか？
　　はい、好きですね。

⑤ 彼はジョークを言うのが得意でした。

⑥ その少女はなぜ突然泣き始めたのですか？

⑦ その学生はもうレポートを書き終えましたか？
　　いいえ、まだです。

語句 ④同僚 co-worker

① Emily likes cooking.

② My dad enjoys fishing every Sunday.

③ When did you stop smoking?

④ Do you like going for a drink with your co-workers after work?   Yes, I do.

⑤ He was good at telling jokes.

⑥ Why did the girl suddenly start crying?

⑦ Has the student finished writing his report yet?   No, he hasn't.

check スピードと量がこのトレーニングの鍵です。何度も繰り返してみましょう。

⑧ あなたは私とあのレストランで夕食を食べたのを覚えていますか？　もちろん覚えていますよ。

⑨ 彼女は海外で暮らすことを夢見ている。

⑩ 外国語を勉強するのは面白い。

⑪ この地域をひとりで歩くのは危険です。

⑫ あの人と一緒に働くのは大変でしょう。

⑬ 母親であることは素晴らしい。

⑭ お年寄りの世話をするのが彼の仕事です。

⑮ 自営業は、時には大変です。

語句　⑨〜を夢見る dream of 〜　海外で abroad　⑪地域 area
　　　⑮自営業の self-employed　大変な tough

8. Do you remember having dinner at that restaurant with me?   Of course, I do.

9. She dreams of living abroad.

10. Learning foreign languages is interesting.

11. Walking alone in this area is dangerous.

12. Working with that man will be hard.

13. Being a mother is wonderful.

14. Taking care of old people is his job.

15. Being self-employed is sometimes tough.

check スピードと量がこのトレーニングの鍵です。何度も繰り返してみましょう。

Part2 5 比較

① エミリーはトムと同じくらい頭が良い。

② 昨日は今日と同じくらい暑かった。

③ 彼はあなたと同じくらい一生懸命働きますか？
はい、そうです。

④ あなたの家はあの家より大きいですか？
いいえ、大きくありません。

⑤ 彼はトムより早く到着しました。

⑥ 彼女は町の他のどの女性よりも美しい。

⑦ あの映画はこの映画より面白いですか？

① Emily is as smart as Tom.

② Yesterday was as hot as (it is) today.

③ Does he work as hard as you?
Yes, he does.

④ Is your house bigger than that house?
No, it isn't.

⑤ He arrived earlier than Tom.

⑥ She is more beautiful than any other woman in town.

⑦ Is that movie more interesting than this one?

check スピードと量がこのトレーニングの鍵です。何度も繰り返してみましょう。

⑧ この国ではサッカーが最も人気のあるスポーツです。

⑨ その問題はすべてのうちで一番難しかった。

⑩ トムは彼らの誰よりも上手に日本語を話す。

⑪ あなたはワインとビールでは、どちらの方が好きですか？　ビールの方が好きです。

⑫ この石とあの石ではどちらの方が重いですか？あの石です。

⑬ トムとロバートではどちらの方が背が高いですか？ロバートです。

⑭ このクラスでは誰が一番早く走りますか？僕です。

⑮ 昨日誰が一番早くオフィスを出ましたか？エレンです。

語句 ⑧人気がある popular

⑧ Soccer is the most popular sport in this country.

⑨ The problem was the most difficult of all.

⑩ Tom speaks Japanese better than any of them.

⑪ Which do you like better, wine or beer?
I like beer better.

⑫ Which is heavier, this stone or that one?
That one is.

⑬ Who is taller, Tom or Robert?
Robert is (taller).

⑭ Who runs (the) fastest in this class?
I do.

⑮ Who left the office (the) earliest yesterday?
Ellen did.

check スピードと量がこのトレーニングの鍵です。何度も繰り返してみましょう。

Part2 6 that節

① 私はあの男性はアメリカ人だと思います。

② あなたは明日雨が降ると思いますか？

③ 彼女は自分が正しいと思っていた。

④ 僕は彼が時間どおりに来ると思わないな。

⑤ 彼女は彼が結婚していることを知っています。

⑥ みんな彼がミスをしたことを知っているのですか？

⑦ 彼は彼女が日本語を話すことを知らなかった。

語句 ⑥ミスをする make a mistake

① I think (that) that man is American.

② Do you think (that) it will rain tomorrow?

③ She thought (that) she was right.

④ I don't think (that) he will come on time.

⑤ She knows (that) he is married.

⑥ Does everyone know (that) he made a mistake?

⑦ He didn't know (that) she spoke Japanese.

check スピードと量がこのトレーニングの鍵です。何度も繰り返してみましょう。

⑧ 父は、僕はもっと勉強しなくてはならないと言います。

⑨ 母は、自分は町一番の美人だったのだと言っています。

⑩ 明日晴れるといいなあ。

⑪ 彼は彼女が「はい」と言ってくれればいいと思っている。

⑫ 彼女は自分の夢が実現すると信じている。

⑬ あなたはその記事が本当だと信じていましたか？

⑭ 君はきっと彼女のことを気に入るよ。

⑮ 彼はきっと電車に乗りそこなったんだ。

語句 ⑫実現する come true　⑬記事 article
⑮電車に乗りそこなう miss the train

(8) My father says (that) I have to study more.

(9) My mother says (that) she was the most beautiful woman in town.

(10) I hope (that) it will be sunny tomorrow.

(11) He hopes (that) she will say "yes".

(12) She believes (that) her dream will come true.

(13) Did you believe (that) the article was true?

(14) I'm sure (that) you will like her.

(15) I'm sure (that) he missed the train.

check スピードと量がこのトレーニングの鍵です。何度も繰り返してみましょう。

Part2 7 受け身

① トムはみんなに好かれています。

② あの先生は生徒たちに尊敬されていますか？
はい、そうです。

③ その国では英語とフランス語が話されます。

④ これらの動物は日本では見られません。

⑤ なぜその少年は他の少年たちに笑われたのですか？

⑥ ワインは何から作られますか？

⑦ 彼らはもうすぐ見つけられるでしょう。

語句 ②尊敬する respect

1. Tom is liked by everyone.

2. Is that teacher respected by his (her) students?
   Yes, he (she) is.

3. English and French are spoken in the country.

4. These animals aren't seen in Japan.

5. Why was the boy laughed at by the other boys?

6. What is wine made from?

7. They will be found soon.

check スピードと量がこのトレーニングの鍵です。何度も繰り返してみましょう。

⑧ この部屋はあなたのお父さんに使われていたのですか？ はい、そうです。

⑨ 兵士たちによって地雷が取り除かれた。

⑩ このテーブルは大理石でできているのですか？
いいえ、違います。

⑪ この手紙はその作家によって書かれました。

⑫ いつ、この問題は解かれるのでしょうか？

⑬ 彼女は深く夫に愛されています。

⑭ その晩、多くの星が見られました。

⑮ この像はどこで発見されたのですか？

語句 ⑨地雷 land mine　取り除く remove　⑮像 statue

(8) Was this room used by your father?
Yes, it was.

(9) The land mines were removed by the soldiers.

(10) Is this table made of marble?
No, it isn't.

(11) This letter was written by the writer.

(12) When will this problem be solved?

(13) She is loved by her husband deeply.

(14) A lot of stars were seen that night.

(15) Where was this statue found?

check スピードと量がこのトレーニングの鍵です。何度も繰り返してみましょう。

SVOC

① 私たちはその猫をタマと呼んでいます。

② フランス語では5月を何と呼びますか？

③ 彼は友人たちにケンと呼ばれています。

④ 彼らは息子をエドワードと名付けた。

⑤ なぜその犬は、ジョンと名付けられたのですか？

⑥ 彼の成功は両親を喜ばせた。

⑦ なぜ彼は怒ったのですか？
（何が彼を怒らせたのですか？）

語句 ⑥成功 success

1. We call the cat Tama.

2. What do you call May in French?

3. He is called Ken by his friends.

4. They named their son Edward.

5. Why was the dog named John?

6. His success made his parents happy.

7. What made him angry?

check スピードと量がこのトレーニングの鍵です。何度も繰り返してみましょう。

⑧ その映画はその俳優をとても有名にした。

⑨ 彼女は息子を医者にしたのですか？
はい、そうです。

⑩ 僕の姉は自分の部屋をきちんとしておく。

⑪ 毎日散歩するので、彼は健康です。
（毎日散歩することが彼を健康に保ちます）

⑫ ドアを開けっ放しにしないで。

⑬ 彼は壁を白く塗ったのですか？
いいえ、違います。

⑭ 私はギリシャ料理を実においしいと思った。

⑮ みんなが、彼女は実に感じが良いと思う。

語句 ⑧有名な famous　⑩きちんとしている tidy　⑪散歩をする take a walk
⑭ギリシャ料理 Greek food　⑮感じが良い nice

(8) The movie made the actor very famous.

(9) Did she make her son a doctor?
Yes, she did.

(10) My sister keeps her room tidy.

(11) Taking a walk every day keeps him healthy.

(12) Don't leave the door open.

(13) Did he paint the walls white?
No, he didn't.

(14) I found Greek food really tasty.

(15) Everyone finds her really nice.

check スピードと量がこのトレーニングの鍵です。何度も繰り返してみましょう。

Part2 9 従属節

① 彼が帰宅したとき、お母さんは夕食の料理中だった。

② その知らせを聞いた時、彼女は泣きだした。

③ 午後晴れたら、僕らはビーチに行くよ。

④ 大学に行きたいなら、もっと懸命に勉強しなさい。

⑤ その日彼女は気分が悪かったので、パーティに行かなかった。

⑥ 将来アメリカに住みたいので、彼女は英語を毎日勉強している。

⑦ お母さんが夕食を料理している間、彼は宿題をした。

① When he got home, his mother was cooking dinner.

② When she heard the news, she started to cry.

③ If it is sunny in the afternoon, we will go to the beach.

④ Study harder if you want to go to college.

⑤ Since (As) she felt sick that day, she didn't go to the party.

⑥ As (Since) she wants to live in America in the future, she studies English every day. / She studies English every day because she wants to live in America in the future.

⑦ While his mother was cooking dinner, he did his homework.

check スピードと量がこのトレーニングの鍵です。何度も繰り返してみましょう。

1 2 3 4 5 6 7 8 9 10 11 12 13 14 15

(8) 妻が留守の間、私は友人たちと飲みに行った。

(9) 彼女が到着するまでここで待っていよう。

(10) 子供たちは暗くなるまで外で遊んだ。

(11) 彼は小さいけれども、バスケットボールが上手い。

(12) 僕の祖母は英語が話せないけれど、毎年一人で海外旅行をする。

(13) 雨が降り出す前にうちに帰ろう。

(14) お父さんが帰ってくる前におもちゃを片付けなさい。

(15) 彼は風呂に入った後、ビールを一杯飲んだ。

語句 ⑧留守で away ⑫海外旅行をする travel abroad
⑭おもちゃ toy 片付ける put away

(8) While my wife was away, I went for a drink with my friends.

(9) Let's wait here until (till) she arrives.

(10) The children played outside until (till) it got dark.

(11) Although (Though) he is small, he is a good basketball player.

(12) Although (Though) my grandmother can't speak English, she travels abroad alone every year.

(13) Let's go home before it begins to rain.

(14) Put the toys away before Dad comes home.

(15) After he took a bath, he drank a glass of beer.

check スピードと量がこのトレーニングの鍵です。何度も繰り返してみましょう。

Part2 10 SVO+to不定詞

① 私はあなたにあの歌を歌ってほしい。

② あなたのお父さんは、あなたに自分の仕事を継いでほしがっていますか？

③ 私たちは息子にもう少し注意深くなってほしいのです。

④ エミリーはトムにそんな仕事をしてほしくなかった。

⑤ あなたは僕にここにいてほしいのですか？

⑥ 彼に我々を手伝ってくれるように頼もう。

⑦ 彼女は夫に子供たちの世話をするように頼んだ。

語句 ②継ぐ take over ③注意深い careful ⑦世話をする take care of

1. I want you to sing that song.

2. Does your father want you to take over his business?

3. We want our son to be more careful.

4. Emily didn't want Tom to do such a job.

5. Do you want me to be here?

6. Let's ask him to help us.

7. She asked her husband to take care of the kids.

check スピードと量がこのトレーニングの鍵です。何度も繰り返してみましょう。

⑧ 私はウェイトレスに水を一杯持ってきてくれるように頼んだ。

⑨ 彼女にそこに行くように頼みましたか？
いいえ、頼みませんでした。

⑩ 私はあなたに彼に電話してくれとは頼みませんでした。

⑪ 彼女は息子に部屋を掃除するように言った。

⑫ ナンシーは娘に10時前に帰宅するように言った。

⑬ 両親は僕に二度とそこに行くなと言った。

⑭ 僕が彼にそんなことをしないようにと言うよ。

⑮ 先生はその生徒に宿題をするように言った。

8. I asked the waitress to get me a glass of water.

9. Did you ask her to go there?
No, I didn't.

10. I didn't ask you to call him.

11. She told her son to clean the room.

12. Nancy told her daughter to come home before ten.

13. My parents told me not to go there again.

14. I will tell him not to do such a thing.

15. The teacher told the student to do his (her) homework.

check スピードと量がこのトレーニングの鍵です。何度も繰り返してみましょう。

Part2 11 分詞

① あの微笑んでいる女性は魅力的だね。

② あの泣いている少年は誰ですか？

③ あの飛んでいる鳥を見なさい。

④ 向こうを走っている少年たちは、彼の生徒たちです。

⑤ ピアノを弾いている女性は、あなたの奥さんですか？
はい、そうです。

⑥ あの角に立っている警官は、何を見張っているのですか？

⑦ 犬と歩いている男の人は、トムのお祖父さんです。

語句 ①魅力的な attractive　④向こうを over there

1. That smiling woman is attractive, isn't she?

2. Who is that crying boy?

3. Look at that flying bird.

4. The boys running over there are his students.

5. Is the woman playing the piano your wife? Yes, she is.

6. What is the policeman standing on that corner watching?

7. The man walking with a dog is Tom's grandfather.

check スピードと量がこのトレーニングの鍵です。何度も繰り返してみましょう。

⑧ 湖上を飛んでいる白鳥たちはとても優美です。

⑨ 彼は中古車（使われた車）を買った。

⑩ 机の上に使用済みの切手が何枚かある。

⑪ あの割れた窓はいつ直されるのですか？

⑫ この国で話される言語は英語です。

⑬ あなたのお父さんが料理した夕食はおいしかったですか？

⑭ 彼はドイツ製のカメラを使っています。

⑮ これは有名な作家によって書かれた手紙です。

語句 ⑧白鳥 swan ⑪直す repair

8. The swans flying over the lake are very elegant.

9. He bought a used car.

10. There are some used stamps on the desk.

11. When will that broken window be repaired?

12. The language spoken in this country is English.

13. Was the dinner cooked by your father delicious?

14. He uses a camera made in Germany.

15. This is a letter written by a famous writer.

check スピードと量がこのトレーニングの鍵です。何度も繰り返してみましょう。

Part2 12 間接疑問文

1. 彼女がどこに住んでいるか知っていますか？
   いいえ、知りません。

2. 私はあなたのご主人が昨夜どこにいたか知っています。

3. 彼は彼女が何歳なのか知らなかった。

4. なぜ彼女が怒っているのか知っていますか？

5. 私がお金をいくら払わなければならないのか教えてください。

6. 私はこの文が何を意味しているのかわからない。

7. 彼は彼女がなぜパーティーに来なかったのかわからなかった。

語句 ⑥文 sentence

1. Do you know where she lives?
   No, I don't.

2. I know where your husband was last night.

3. He didn't know how old she was.

4. Do you know why she is angry?

5. Please let me know how much money I need to pay.

6. I don't understand what this sentence means.

7. He didn't know why she didn't come to the party.

check スピードと量がこのトレーニングの鍵です。何度も繰り返してみましょう。

⑧ あの女の子が誰だか知ってるかい？

⑨ そのかばんの中に何が入っているのか言いなさい。

⑩ 彼がいつ日本に帰ってくるのかあなたは知っていますか？
はい、知っています。

⑪ 彼女はどうやって友達が、そのお金持ちの男性と知り合ったのか知りたかった。

⑫ 彼らがどのくらいこの町に住んでいるか知っていますか？
いいえ、知りません。

⑬ 彼は私の誕生日に何をくれるのかしら？

⑭ 誰があの時彼女と一緒にいたのだろうか？

⑮ 彼らは今晩何を食べたいのかしら？

(8) Do you know who that girl is?

(9) Tell me what is in the bag.

(10) Do you know when he will come back to Japan?   Yes, I do.

(11) She wanted to know how her friend got to know the rich man.

(12) Do you know how long they have lived in this town?   No, I don't.

(13) I wonder what he will give me for my birthday.

(14) I wonder who was with her then.

(15) I wonder what they want to eat tonight.

check スピードと量がこのトレーニングの鍵です。何度も繰り返してみましょう。

Part2 13 疑問詞＋to不定詞

① 彼は何をしたらいいのかわからない。

② 彼女の誕生日に何をあげたらいいのか教えてよ。

③ 彼らは、彼になんて言ったらいいのかわからなかった。

④ 彼はあのレストランで何を注文したらいいのか僕に教えてくれた。

⑤ トムはその問題の解き方がわからなかった。

⑥ どうやってそこに行ったらいいのか知ってるかい？

⑦ 彼は妻にそれをどう説明すればいいのかわからなかった。

語句 ④注文する order ⑤解く solve ⑦説明する explain

1. He doesn't know what to do.

2. Tell me what to give her for her birthday.

3. They didn't know what to say to him.

4. He told me what to order at that restaurant.

5. Tom didn't know how to solve the problem.

6. Do you know how to get there?

7. He didn't know how to explain it to his wife.

check スピードと量がこのトレーニングの鍵です。何度も繰り返してみましょう。

(8) 問題はどうやって彼女を説得するかだ。

(9) 少年たちはどちらに行ったらいいのかわからなかった。

(10) どのバスに乗ったらいいのかわかりますか？
はい、わかります。

(11) その本をどこで買ったらいいのか教えてくださいますか？

(12) 僕はいつ彼女に電話したらいいのかわからない。

(13) いつスープにワインを入れたらいいのか教えて。

(14) その少女はどこでバスを降りたらいいのか母親に聞いた。

(15) どこでそのチケットを買ったらいいのかわかりますか？
いいえ、わかりません。

語句 ⑧説得する persuade

8. The problem is how to persuade her.

9. The boys didn't know which way to go.

10. Do you know which bus to take?
    Yes, I do.

11. Could you tell me where to buy the book?

12. I don't know when to call her.

13. Tell me when to put wine in the soup.

14. The girl asked her mother where to get off the bus.

15. Do you know where to buy the ticket?
    No, I don't.

check スピードと量がこのトレーニングの鍵です。何度も繰り返してみましょう。

Part2 14 関係詞

① 私には5カ国語を話す友人がいます。

② エミリーと話をしている紳士はブラウン教授ですか？

③ 彼女は、父親が大きなホテルを経営している男性と付き合っている。

④ 両親が遠くに住んでいるその男性は、毎週彼らに電話をする。

⑤ 彼が愛した女性は、別の男性と結婚してしまった。

⑥ 彼女が恋に落ちたその男性は、ハンサムでお金持だった。

⑦ これは病院に行くバスですか？
はい、そうです。

語句 ⑥〜と恋に落ちる fall in love with 〜　⑦病院 hospital

1. I have a friend who (that) speaks five languages.

2. Is the gentleman who (that) is talking to Emily Professor Brown?

3. She is going out with a man whose father runs a big hotel.

4. The man whose parents live far away calls them every week.

5. The woman (whom / that) he loved married another man.

6. The man (whom / that) she fell in love with was handsome and rich.

7. Is this the bus which (that) goes to the hospital?   Yes, it is.

check スピードと量がこのトレーニングの鍵です。何度も繰り返してみましょう。

⑧ これが彼を有名にした小説です。

⑨ 彼らが実行するつもりの計画は成功するでしょう。

⑩ 彼らが探している絵は、10年前に盗まれたのです。

⑪ 彼が名前を書いたペンはどこですか？

⑫ ここが僕の生まれた町です。

⑬ 彼がこの写真を撮った場所は、ここから遠くありません。

⑭ 私は妻と初めて会った日を決して忘れないでしょう。

⑮ 彼がここに来る日は水曜です。

語句 ⑧小説 novel　⑨実行する carry out

8. This is the novel which (that) made him famous.

9. The plan (which / that) they are going to carry out will succeed.

10. The picture (which / that) they are looking for was stolen ten years ago.

11. Where is the pen (which / that) he wrote his name with?

12. This is the town where I was born.

13. The place where he took this picture is not far from here.

14. I will never forget the day when I met my wife for the first time.

15. The day when he comes here is Wednesday.

check スピードと量がこのトレーニングの鍵です。何度も繰り返してみましょう。

Part2 15 原形不定詞

① 僕には木の葉が散るのが見えた。

② 私は子供たちが通りを横切るのを見た。

③ あなたは彼が咳をするのを聞きましたか？
はい、聞きました。

④ 兵士たちは爆弾が爆発するのを聞いた。

⑤ 鳥たちが歌うのを聴きなさい。

⑥ 彼らは社長がその件について説明するのを聴いていた。

⑦ あなたは家が揺れるのを感じましたか？

[語句] ③咳をする cough ④兵士 soldier 爆弾 bomb 爆発する explode
⑥社長 president 件 matter ⑦揺れる shake

1. I saw some leaves fall.

2. I saw the children cross the street.

3. Did you hear him cough?
   Yes, I did.

4. The soldiers heard a bomb explode.

5. Listen to the birds sing.

6. They were listening to the president explain the matter.

7. Did you feel the house shake?

check スピードと量がこのトレーニングの鍵です。何度も繰り返してみましょう。

⑧ 彼は彼女が部屋に入って来たのに気付かなかった。

⑨ 彼女は息子に宿題をさせた。

⑩ 私が彼らを立ち去らせましょう。

⑪ 彼らは奴隷たちに激しく働かせた。

⑫ その男性は秘書にコーヒーをいれてもらった。

⑬ ウェイターに(我々に)水を一杯持って来てもらいましょう。

⑭ ブラウン氏は娘を日本に行かせてやった。

⑮ 彼女の両親はどうしても彼女を彼と夜出かけさせてやらない。

語句 ⑧気付く notice ⑪奴隷 slave ⑫秘書 secretary

8. He didn't notice her come into the room.

9. She made her son do his homework.

10. I will make them leave.

11. They made the slaves work hard.

12. The man had the secretary make some coffee.

13. Let's have the waiter bring us a glass of water.

14. Mr. Brown let his daughter go to Japan.

15. Her parents won't let her go out with him at night.

check スピードと量がこのトレーニングの鍵です。何度も繰り返してみましょう。

Part3 - 1 ランダム

(1) エミリーは英語とスペイン語を話します。

(2) 私は作家になりたい。

(3) 彼は昨日ここに来ましたか？
はい、来ました。

(4) 何人の人がその打ち合わせに来ましたか？

(5) 彼女は本当に眠そうだ。

(6) 1週間晴れています。

(7) 何であなたは笑ったのですか？（what と make 使用）

語句 ②作家 writer ④打ち合せ meeting

(1) Emily speaks English and Spanish.

(2) I want to be a writer.

(3) Did he come here yesterday?
Yes, he did.

(4) How many people came to the meeting?

(5) She looks really sleepy.

(6) It has been sunny for a week.

(7) What made you laugh?

check スピードと量がこのトレーニングの鍵です。何度も繰り返してみましょう。

⑧ 昨日は今日より寒かった。

⑨ あなたは、それをまだ彼らに告げていないのですか？
いいえ、告げましたよ。

⑩ あなたは去年映画を何本見ましたか？

⑪ 誰が窓を割ったのですか？

⑫ 夫が出かけた後、彼女は部屋を掃除した。

⑬ あの少年たちは、毎日この公園にやってくる。

⑭ あの少女は彼の妹ですか？
はい、そうです。

⑮ あの少年は読書が好きですか？
いいえ、好きではありません。

(8) Yesterday was colder than today.

(9) Haven't you told it to them yet?
Yes, I have.

(10) How many movies did you see last year?

(11) Who broke the window?

(12) After her husband left, she cleaned the room.

(13) Those boys come to this park every day.

(14) Is that girl his sister?
Yes, she is.

(15) Does that boy like reading?
No, he doesn't.

check スピードと量がこのトレーニングの鍵です。何度も繰り返してみましょう。

Part3 ② ランダム

① 弟は僕より頭が良い。

② 彼女の詩を読んだ人たちは感銘を受けた。

③ 彼女は2時間ピアノを弾いている。

④ 彼女と話をしている紳士は、彼女の叔父さんなのですか？

⑤ 君がその試験に受かったら、パーティをしよう。

⑥ 彼は彼女が自分を愛していると信じていた。

⑦ 私はこれらの本を全部読まなければならないのですか？

語句 ②詩 poem　感銘を与える impress　④紳士 gentleman　叔父さん uncle
⑤試験に受かる pass the exam

1. My brother is smarter than me.

2. The people who (that) read her poem were impressed.

3. She has been playing the piano for two hours.

4. Is the gentleman who (that) is talking to her her uncle? / Is the gentleman talking to her her uncle?

5. Let's have a party if you pass the exam.

6. He believed (that) she loved him.

7. Do I have to read all these books? / Must I read all these books?

check スピードと量がこのトレーニングの鍵です。何度も繰り返してみましょう。

⑧ 彼女が歌うのを聞いたことがありますか？

⑨ 両親が遠くに住んでいるその男性は、彼らに滅多に会うことができない。

⑩ 彼女は息子にすぐ帰ってくるように言った。

⑪ 彼女は息子に部屋を掃除するように言った。

⑫ あなたはなぜエミリーが中国語を勉強し始めたのか知っていますか？

⑬ 私はあなたにすぐ来てほしいのです。

⑭ 彼女は禁煙したがっている。

⑮ 彼は皆に好かれています。

語句 ⑨滅多に〜ない seldom

(8) Have you ever heard her sing?

(9) The man whose parents live far away can seldom see them.

(10) She told her son to come back at once.

(11) She told her son to clean the room.

(12) Do you know why Emily started to study Chinese?

(13) I want you to come at once.

(14) She wants to stop smoking.

(15) He is liked by everyone.

check スピードと量がこのトレーニングの鍵です。何度も繰り返してみましょう。

Part3 ランダム

① 誰がこの机を作ったのですか？
　僕の父です。

② このスープはおいしい。（動詞 taste 使用）

③ あなたは以前にこの本を読んだことがありますか？
　いいえ、ありません。

④ 彼女と初めて会った時、彼は（彼女に）恋に落ちた。

⑤ この国では何語が話されますか？（受け身）

⑥ 彼女は彼に約束を守ってもらいたかったのです。

⑦ 彼らは彼女が試合に勝つと思っています。

語句 ④〜に恋に落ちる fall in love with　⑥約束を守る keep one's promise
⑦試合に勝つ win the game

1. Who made this desk?
   My father did.

2. This soup tastes good.

3. Have you ever read this book?
   No, I haven't.

4. When he met her for the first time, he fell in love with her.

5. What language is spoken in this country?

6. She wanted him to keep his promise.

7. They think (that) she will win the game.

check スピードと量がこのトレーニングの鍵です。何度も繰り返してみましょう。

(8) 私は息子にその部屋を使わせてやった。

(9) 彼の話は本当のように聞こえた。

(10) 彼女は彼がなぜそんなことを言ったのか理解できなかった。

(11) あなたのご主人は何時に朝食を食べますか?

(12) この猫はあの猫と同じくらい可愛い。

(13) 私は昨夜良い夢を見た。

(14) 母は僕に詩の書き方を教えてくれました。

(15) あなたの家は駅に近いですか?
はい、そうです。

語句　⑫可愛い cute

(8) I let my son use the room.

(9) His story sounded true.

(10) She didn't understand why he said such a thing.

(11) What time does your husband have breakfast?

(12) This cat is as cute as that one.

(13) I had a good dream last night.

(14) My mother taught me how to write poems.

(15) Is your house close to the station?
Yes, it is.

check スピードと量がこのトレーニングの鍵です。何度も繰り返してみましょう。

Part3 ④ ランダム

① 彼女は彼と結婚したがっている。

② その女性はその若者に、自分の娘と結婚してほしい。

③ あなたは私より仕事を愛しているんだわ。

④ ロバートは今日の午後、クライアントと会う予定です。

⑤ あの少年はなんて頭がよいのでしょう！

⑥ 明日雨が降るかもしれない。

⑦ 昨日雪が降ったのですか？

語句 ④クライアント client

① She wants to marry him.

② The woman wants the young man to marry her daughter.

③ You love your work more than me.

④ Robert is going to see his client this afternoon.

⑤ How smart that boy is!

⑥ It may (might) rain tomorrow.

⑦ Did it snow yesterday?

check スピードと量がこのトレーニングの鍵です。何度も繰り返してみましょう。

⑧ 一週間ずっと暑い。

⑨ あそこに立っている女性は、彼の奥さんです。

⑩ 私はその野良猫にやる餌を買った。

⑪ あれは誰の帽子ですか？
エミリーのです。

⑫ これは彼が書いた最初の小説です。

⑬ 彼はひとりで旅行するのが好きです。

⑭ その時信号が赤になった。

⑮ あなたは明日のこの時間ここにいますか？
はい、いますよ。

語句 ⑩野良猫 stray cat

(8) It has been hot for a week.

(9) The woman standing over there is his wife. /
The woman who (that) is standing over there is his wife.

(10) I bought some food to give the stray cat .

(11) Whose hat is that?
It is Emily's.

(12) This is the first novel (that) he wrote.

(13) He likes traveling alone.

(14) Then the traffic light turned red.

(15) Will you be here at this time tomorrow?
Yes, I will.

check スピードと量がこのトレーニングの鍵です。何度も繰り返してみましょう。

Part3 5 ランダム

① 彼に遅刻しないように言ってください。

② 彼女が「うん」と言ってくれるといいなあ。

③ そこからの眺めは素晴らしい。

④ 彼女はどちらの男性と結婚するべきか決められない。

⑤ お年寄りの世話をするのが私の仕事です。

⑥ 君は今朝まだ彼に会っていないの？
うん、会っていないよ。

⑦ 彼はまだ家にいるに違いない。

語句 ③眺め view ⑤〜の世話をする take care of

① Please tell him not to be late.

② I hope (that) she will say "yes".

③ The view from there is wonderful.

④ She can't decide which man to marry.

⑤ Taking care of old people is my job.

⑥ Haven't you seen him yet this morning?
No, I haven't.

⑦ He must still be at home.

check スピードと量がこのトレーニングの鍵です。何度も繰り返してみましょう。

(8) 彼は夕食には肉が食べたいと言った。

(9) 彼女は肉より魚の方がずっと好きです。

(10) 彼女はその引出しを開けようとした。

(11) あなたは全力を尽くさなければなりません。

(12) 彼らは明日ここに来ないでしょう。

(13) ナンシーはその時車の中にいたのですか？
はい、そうです。

(14) 彼は３年間両親に会っていません。

(15) 私を通らせてください。

語句 ⑩引出し drawer ⑪全力を尽くす do one's best

8. He said (that) he wanted to eat some meat for dinner.

9. She likes fish much better than meat.

10. She tried to open the drawer.

11. You have to do your best. /
You must do your best.

12. They won't come here tomorrow.

13. Was Nancy in the car then?
Yes, she was.

14. He hasn't seen his parents for three years.

15. Let me pass, please.

check スピードと量がこのトレーニングの鍵です。何度も繰り返してみましょう。

Part3 6 ランダム

① 私にあなたの庭を写真に撮らせてくれますか？

② 彼と話をするのはとても楽しい。

③ 彼らはその知らせを聞いて驚くでしょうか？

④ 私は彼らが日本語がわかるとは思いません。

⑤ 嘘をついたので、その少年はお父さんに叱られた。

⑥ 彼に意地悪くするな。

⑦ 先生はその少年に他の生徒をいじめないようにと言った。

語句 ②とても楽しい a lot of fun　⑥意地が悪い mean　⑦いじめる bully

① Would you let me take some pictures of your garden?

② Talking with him is a lot of fun.

③ Will they be surprised to hear the news?

④ I don't think (that) they understand Japanese.

⑤ As (since) the boy told a lie, he was scolded by his father. / The boy was scolded by his father because he told a lie.

⑥ Don't be mean to him.

⑦ The teacher told the boy not to bully the other students.

check スピードと量がこのトレーニングの鍵です。何度も繰り返してみましょう。

⑧ 彼はそのビールをとてもおいしいと思った。(find 使用)

⑨ あなたは人前で歌うのが好きですか？

⑩ 彼女はできるだけ速く走った。

⑪ この山は何と呼ばれていますか？

⑫ 私、パーティに何を着ていけばいいのかわからないわ。

⑬ 明日、ある男性があなたに会いに来るでしょう。

⑭ あれが、彼が付き合っている女の子なの？

⑮ 明日は曇りだと思いますか？

語句 ⑭〜と付き合う go out with

(8) He found the beer delicious.

(9) Do you like singing in front of other people?

(10) She ran as fast as she could. / She ran as fast as possible.

(11) What is this mountain called?

(12) I don't know what to wear to the party.

(13) A man is going to come to see you tomorrow.

(14) Is that the girl who(m) he is going out with? / Is that the girl he is going out with?

(15) Do you think (that) it will be cloudy tomorrow?

check スピードと量がこのトレーニングの鍵です。何度も繰り返してみましょう。

Part3 7 ランダム

1. 彼は妻と映画に行くために、早めに退社した。

2. 私の娘は今、自転車の乗り方を覚えているところです。

3. 君はまだ僕に何か言うことがあるのかい？

4. 彼女は他のどんな動物よりも猫が好きです。

5. 私、いつかあなたのお兄さんに会いたいな。

6. 彼は上手に日本語を話す。

7. 彼女は私より上手にフランス語を話す。

語句 ①退社する leave the office ②自転車に乗る ride a bicycle

① He left the office early to go to the movies with his wife.

② My daughter is now learning how to ride a bicycle.

③ Do you still have something to tell me?

④ She likes cats more than any other animal.

⑤ I want to meet your brother some day.

⑥ He speaks Japanese well.

⑦ She speaks French better than me. / She speaks French better than I do.

check スピードと量がこのトレーニングの鍵です。何度も繰り返してみましょう。

(8) 彼女は夫に11時前に帰るように頼んだ。

(9) あなたはもうこれらの本を全部読んでしまったのですか？ はい、そうです。

(10) その知らせは彼女を喜ばせた。(make, happy 使用)

(11) ジムと私は友達です。

(12) 彼女は去年アメリカにいました。

(13) 父が帰って来た時、母は夕食を料理していました。

(14) 私は彼がかばんの中に本を入れるのを見ました。

(15) あなたは今日、この部屋を掃除しなくもいいですよ。

(8) She asked her husband to come home before eleven.

(9) Have you already read all these books? Yes, I have.

(10) The news made her happy.

(11) Jim and I are friends.

(12) She was in America last year.

(13) When my father got home, my mother was cooking dinner.

(14) I saw him put the book into his bag.

(15) You don't have to clean this room today.

check スピードと量がこのトレーニングの鍵です。何度も繰り返してみましょう。

Part3 8 ランダム

① 私はたった今その手紙を書き終えました。

② その作家が生まれた家はここから遠くありません。

③ 犬と歩いている紳士はブラウンさんです。

④ 彼は一度も海を見たことがありません。

⑤ あなたはどの位ここにいるのですか？

⑥ 彼らはあなたを知っていますね？

⑦ 私は私の妻が昨夜どこに行ったのかわからない。

[語句] ①たった今 just now

1. I finished (writing) the letter just now.

2. The house where the writer was born is not far from here.

3. The gentleman walking with his dog is Mr. Brown. / The gentleman who (that) is walking with his dog is Mr. Brown.

4. He has never seen the sea.

5. How long have you been here?

6. They know you, don't they?

7. I don't know where my wife went last night.

check スピードと量がこのトレーニングの鍵です。何度も繰り返してみましょう。

⑧ この小説を書いた作家は、彼の叔父さんです。

⑨ 兄は私に彼の宿題をさせた。

⑩ 明日は風が強いでしょう。(風が強い windy)

⑪ 彼らは、東京が日本の首都であることを知っています。

⑫ 彼女は、紅茶とコーヒーではどちらの方が好きですか?

⑬ 私は、彼女は紅茶の方が好きだと思います。

⑭ 彼の家はなんて大きいのだろう!

⑮ この本はいつ書かれたのですか?

(8) The writer who (that) wrote this novel is his uncle.

(9) My brother made me do his homework.

(10) It will be windy tomorrow.

(11) They know (that) Tokyo is the capital of Japan.

(12) Which does she like better, tea or coffee?

(13) I think (that) she likes tea better.

(14) How big his house is!

(15) When was this book written?

check スピードと量がこのトレーニングの鍵です。何度も繰り返してみましょう。

Part3 9 ランダム

① あなたはどの季節が一番好きですか？
秋が一番好きです。

② 彼女が部屋に入ったとき、夫は新聞を読んでいました。

③ 誰がこの写真を撮ったのですか？

④ 机の上に本が3冊ありました。

⑤ 彼の弟は彼よりずっと背が高い。

⑥ あなたは彼がこの部屋を気に入ると思いますか？

⑦ あなたのお姉さんはおいくつですか？
20歳です。

1. Which season do you like (the) best?
   I like autumn (the) best.

2. When she went into the room, her husband was reading the newspaper.

3. Who took this picture?

4. There were three books on the desk.

5. His brother is much taller than him.

6. Do you think (that) he will like this room?

7. How old is your sister?
   She is twenty years old.

check スピードと量がこのトレーニングの鍵です。何度も繰り返してみましょう。

⑧ この本はなんて難しいのでしょう！

⑨ あの男性はみんなに尊敬されているのですか？

⑩ 私はこのような美しい光景は一度も見たことがありません。

⑪ あなたは私にこの本をくださったことを覚えていますか？

⑫ 彼はその女性と結婚することを決めた。

⑬ 私はお金をいくら払わなければならないのですか？

⑭ あの猫たちは彼のペットなのですか？
はい、そうです。

⑮ あなたはもうお風呂に入りましたか？
いや、まだです。

語句 ⑩光景 sight

(8) How difficult this book is!

(9) Is that man respected by everyone?

(10) I have never seen such a beautiful sight.

(11) Do you remember giving me this book?

(12) He decided to marry the woman.

(13) How much money do I need to pay?

(14) Are those cats his pets?
Yes, they are.

(15) Have you taken a bath yet?
No, I haven't.

check スピードと量がこのトレーニングの鍵です。何度も繰り返してみましょう。

Part3 10 ランダム

① あなたはもう一度彼女に会いたいですか？

② 彼はその写真をあなたに見せたのですか？

③ その映画は私たちに眠気を催させた。(make, sleepy 使用)

④ 昨夜、その絵は誰かに盗まれた。

⑤ 彼は奥さんにテレビを消すように頼んだ。

⑥ あなたは自分が他の人たちよりすぐれていると思っていますか？

⑦ 教室にはたくさんの学生がいました。

語句 ⑤テレビを消す turn off TV

① Do you want to see her again?

② Did he show you the picture?

③ The movie made us sleepy.

④ The painting was stolen by somebody last night.

⑤ He asked his wife to turn off the TV.

⑥ Do you think (that) you are better than other people?

⑦ There were a lot of students in the classroom.

check スピードと量がこのトレーニングの鍵です。何度も繰り返してみましょう。

(8) 夏はたくさんの人たちがこの町にやってくる季節です。

(9) 私はあなたにこれを誰にも言ってほしくないです。

(10) もしあなたが私と結婚したら、私はあなたを幸せにします。

(11) 私は彼がそう言うのを聞いた。

(12) 私が彼に初めて会った時、彼は実に痩せていた。

(13) 彼は子供のころから柔道をやっている。

(14) 彼女は外国から帰って来た後、通訳になった。

(15) 電話が鳴った時、私は眠っていた。

語句　⑫痩せている thin　⑭通訳 interpreter　⑮眠っている asleep

(8) Summer is the season when a lot of people come to this town.

(9) I don't want you to tell this to anyone.

(10) If you marry me, I will make you happy.

(11) I heard him say so.

(12) When I first met him, he was really thin.

(13) He has been practicing judo since he was a child.

(14) After she came back from abroad, she became an interpreter.

(15) When the telephone rang, I was asleep.

check スピードと量がこのトレーニングの鍵です。何度も繰り返してみましょう。

森沢洋介
（もりさわ・ようすけ）

1958年神戸生まれ。9歳から30歳まで横浜に暮らす。
青山学院大学フランス文学科中退。

大学入学後独学での英語習得を目指す。
約2年の迷走期間を経て、22歳から音読と多読を軸にした学習法を確立。
1989年から1992年までアイルランドに暮らす。

自らの学習経験から、一定年齢に達した日本人が英語を習得するためには、
系統的な基礎的トレーニングが必要であることを痛感。

1998年秋、房総にて、英語を習得するために必須な基礎的トレーニングを
体系的に指導する塾を設立。
他にほとんど類似したサービスを得られる場がないため、
東京など遠方から多くの学習者が来訪するようになる。

理論先行ではない、
学習者を指導する現場の必要から生まれたてきたメソッドが特徴である。

2005年、ネット上に無料で発表していた体系的な学習方法
「英語上達完全マップ」を書籍化してベレ出版から刊行、好評を博する。

その後、自らの学習メソッドの一つである瞬間英作文のテキストを発表し、
大きな反響を得ている。

2007年に教室が浦安に移転、現在に至る。

六ツ野英会話教室

本書の著者・森沢洋介が主宰する教室です!

コースの案内

◎レギュラークラス

平均週1回(年45回)の授業を軸にして、総体的な英語力を大きく伸ばすことを目指します。TOEIC400前後から700台位の学習者が、効率的にできるだけ速く上級の入り口(TOEIC850前後)に達するのをサポートします。一定期間、英語の学習を自身の生活における優先順位の上位に位置付けられる方に適しています。クラスは英語力により3つのレベルに分かれます。

◎トレーニング法セミナー

本書で紹介した「瞬間英作文トレーニング」のほか、「音読パッケージ」「ボキャビル」などのトレーニング法のセミナーを定期開催します!

電話
047-351-1750

ホームページアドレス
mutuno.sakura.ne.jp

所在地
千葉県浦安市北栄1-16-5　東カングランドマンション310
浦安駅から徒歩1分

ご購読者の皆様へ
御礼特典!

本書に掲載されている英文の
「英語音声」を
無料で公開中です!

ここにアクセス!

https://www.ascom-inc.jp/books/ detail/978-4-7762-1204-1.html

発音の確認や、音読、リスニングの練習などに活用できる、
ネイティブ発音の音声です!
ぜひ、英語学習にご活用ください!

●上記アドレスにアクセスしていただき、ダウンロードしてください。

売行き好調の人気シリーズ
アスコム mini bookシリーズ

mini bookシリーズ 第1弾

mini版
ネイティブが使う英語使わない英語

間違ってはいないのだけど、
ネイティブの耳には微妙におかしく聞こえてしまう
英語をよく耳にします。
文法や単語の知識は豊富なのに、、、
実際に話してみるとどとか不自然な英語を話す人がとても多い。

例えば、丁寧な言い回しだと思って使った表現が、
ネイティブにはひどく冷たく聞こえてしまったり、

感じよく頼みごとをするつもりが、
偉そうな命令口調になってしまったり、

一言足りずに、印象を悪くしてしまったり…

→そこで、本書です。

本書は、英語のネイティブ感覚を養うのに、
まさに最適な1冊です。

ネイティブが使わないけど、日本人がよく使ってしまう表現と、
ネイティブがよく使う表現を
わかりやすく紹介しています!

これ1冊で、
これからのネイティブとのコミュニケーションが
ぐっとよくなること、間違いありません!

デイビッド・セイン

これまで累計200万部の著作を刊行してきた
英語本のベストセラー著者。
日本での20年以上の豊富な英語教授経験を持ち、
これまで教えてきた日本人生徒数は数万人に及ぶ。

mini bookシリーズ
第2弾

mini版
たった1文からトコトン学べる
私の英語ノートを紹介します。

ノートを作ると聞くと、「大変そう」という印象を
受けるかもしれませんが、難しく構える必要はありません。
気になる単語やフレーズを書いてもよいですし、
ダイアローグを写すのもよい勉強です。
自分の好みやレベルに合わせて、
好きなようにノートを作ってみませんか?

この本では、ノート作りのひとつの方法として、
「たった1文からトコトン学べるノート」を紹介します。

時制を変えたり、関連語を覚えたり、使い分けを説明したりして、
ひとつの文をさまざまに派生させていく勉強法です。

著者自身が、この勉強法を実践し、
また授業でもこの方法で教えてきました。

このノートは、著者が自身が学生だったときに持っていた疑問点、
教えている生徒さんたちに共通する間違いなどに対して、
「たった1文からトコトン学べるノート」という形でまとめたものです。

みなさんのかゆいところに手が届くように、
関連語、類義語の使い分け、間違えやすい注意点……
といった「知っ得情報」をできるだけたくさん掲載しています。

ノート作りのヒントとしてはもちろん、
英語の基礎固めのための本としても、ぜひ活用してください。

石原真弓

英語学習スタイリスト。コロラド州で英語や秘書業務、経営学を学んだ後、
通訳に従事。帰国後は英会話教室や企業などで英語を教える傍ら、
執筆・講演活動も精力的にこなす。著書に『英語で日記を書いてみる』
『英語で手帳をつけてみる』など多数。
石原真弓のツイッター★ http://twitter.com/mayumi_ishihara

mini版
瞬間英作文ドリル

2010年7月1日　第1刷
2023年1月6日　第16刷

著者	森沢洋介
イラスト	河合美波
デザイン	間野成
英文校正	デイビッド・セイン（A TO Z）
校正	柳沢久美子、中山祐子、アマプロ
編集	柿内尚文
営業統括	丸山敏生
営業推進	増尾友裕、綱脇愛、桐山敦子、矢部愛、相澤いづみ、寺内未来子
販売促進	池田孝一郎、石井耕平、熊切絵理、菊山清佳、山口瑞穂、吉村寿美子、矢橋寛子、遠藤真知子、森田真紀、氏家和佳子
プロモーション	山田美恵、山口朋枝
講演・マネジメント事業	斎藤和佳、志水公美、程桃香
編集	小林英史、栗田亘、村上芳子、大住兼正、菊地貴広、山田吉之、大西志帆、福田麻衣
メディア開発	池田剛、中山景、中村悟志、長野太介、入江翔子
管理部	八木宏之、早坂裕子、生越こずえ、名児耶美咲、金井昭彦
マネジメント	坂下毅
発行人	高橋克佳
発行所	株式会社アスコム 〒105-0003　東京都港区西新橋2-23-1 　　　　　　3東洋海事ビル 編集局 TEL：03-5425-6627 営業局 TEL：03-5425-6626　FAX：03-5425-6770
印刷	中央精版印刷株式会社

© Yosuke Morisawa　株式会社アスコム
Printed in Japan
ISBN 978-4-7762-0614-9

本書は2008年12月に小社より刊行された
「英語を話す力が一気に身につく!!瞬間英作文ドリル」の文庫サイズ版です。

本書は著作権上の保護を受けています。本書の一部あるいは全部について、
株式会社アスコムから文書による許諾を得ずにいかなる方法によっても
無断で複写することは禁じられております。
落丁本、乱調本は、お手数ですが小社営業局までお送りください。
送料小社負担でお取り替えいたします。定価はカバーに表示してあります。